탄탄 원리과학 클릭클릭

우주_우주 탐사

엄마는 우주 비행사

글_김형곤 그림_정광필 감수_곽영직

예원미디어

엄마가 자장가를 불러도 미르는 눈이 말똥말똥,
잠이 오지 않아요.
"엄마! 제니 아빠는 세상에서 제일 높은 산에 올랐대요."
"그래? 에베레스트 말이구나."

에베레스트 산
네팔과 티베트 사이에 솟아 있는 세계에서 제일 높은 산이에요. 높고 험하기로 유명해서 많은 탐험가들이 도전을 하지만, 정상에 오르기가 쉽지 않아요.

"제니가 얼마나 뻐기는 줄 아세요?
세상에 자기 아빠보다 높은 사람은 없대요."

"창밖을 봐! 더 높은 게 많은걸."
엄마가 손가락으로 별빛 가득한 밤하늘을 가리켰어요.

거긴 사람이 없잖아요.
외계인이면 몰라도.

아냐. 눈에 보이진 않지만,
우주선을 타고 탐험하는
우주 비행사들이 있단다.

우주에는 얼마나 많은 우주선이 떠 있을까?
우주에는 세계 각국에서 쏘아 올린
1천100여 개의 인공위성이 떠 있어요.
국제 우주 정거장은 눈으로도 볼 수 있는데,
밤하늘에서 마치 별처럼 반짝이고 있어요.

치, 그래도 엄마,
아빠는 아니잖아요.
우리 집은 너무 시시해!

아침 일찍 일어난 미르는 깜짝 놀라 넘어질 뻔했어요.
"여기 좀 봐!"
오토바이 헬멧을 쓰고, 고무장갑을 끼고,
비옷을 입고, 장화를 신은 채
엄마가 큰 소리로 외쳤어요.

"난 우주 비행사가 될 거야!"

모집 공고

여성 우주 비행사 모집

우주 센터에서는
우주 탐사에 도전할
용기와 지혜를 갖춘
여성 과학자를 찾습니다.

엄마가
정말 우주 비행사 시험에
합격했을 때, 미르와 아빠는
너무 놀라 입이 떡 벌어졌어요.
"왜? 난 훌륭한 과학자이고, 몸도 마음도 튼튼하잖아.
그러니 떨어질 이유가 없지!"

나중에 알게 됐지만, 엄마는 어려운 시험을 당당히 통과했어요.

여성 우주 비행사는 어떻게 뽑을까?

1. 비행 경험은 없지만 과학 분야에서 석사나 박사 학위가 있을 것
   - 엄마는 대학원에서 물리학을 공부했어요.

2. 몸이 튼튼할 것 – 엄마는 등산과 수영을 꾸준히 해 왔어요.

3. 행동이나 생각이 빠르고, 침착할 것

4. 살면서 실패한 경험이 있을 것
   (어려움을 이겨 낼 수 있는 강인한 정신이 필요하기 때문에)
   - 엄마는 비행기 조종사가 꿈이었지만, 미르를 낳는 바람에 포기했어요. 그 대신 훌륭한 과학 선생님이 되었지요.

무중력

무중력 상태란, 지구의 중심이 잡아당기는 힘인 중력이 작용하지 않는 상태를 말해요. 이런 무중력 상태의 우주선 안에서는 모든 것이 둥둥 떠다니게 되지요. 그래서 특수한 환경에 적응하기 위한 훈련이 꼭 필요하답니다.

엄마는 1년 동안 우주 비행사 훈련을 받았어요.
우주 비행선 다루는 법,
우주 정거장에서 지내는 법 등을 배웠지요.
뭐니 뭐니 해도 몸이 둥둥 떠다니는
무중력 훈련이 가장 힘들었대요.

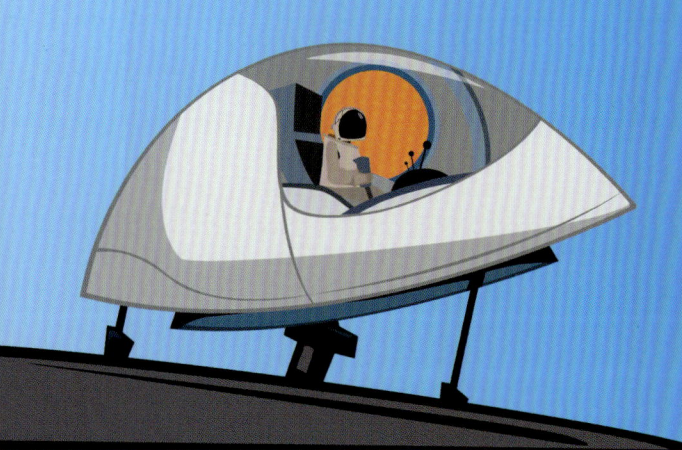

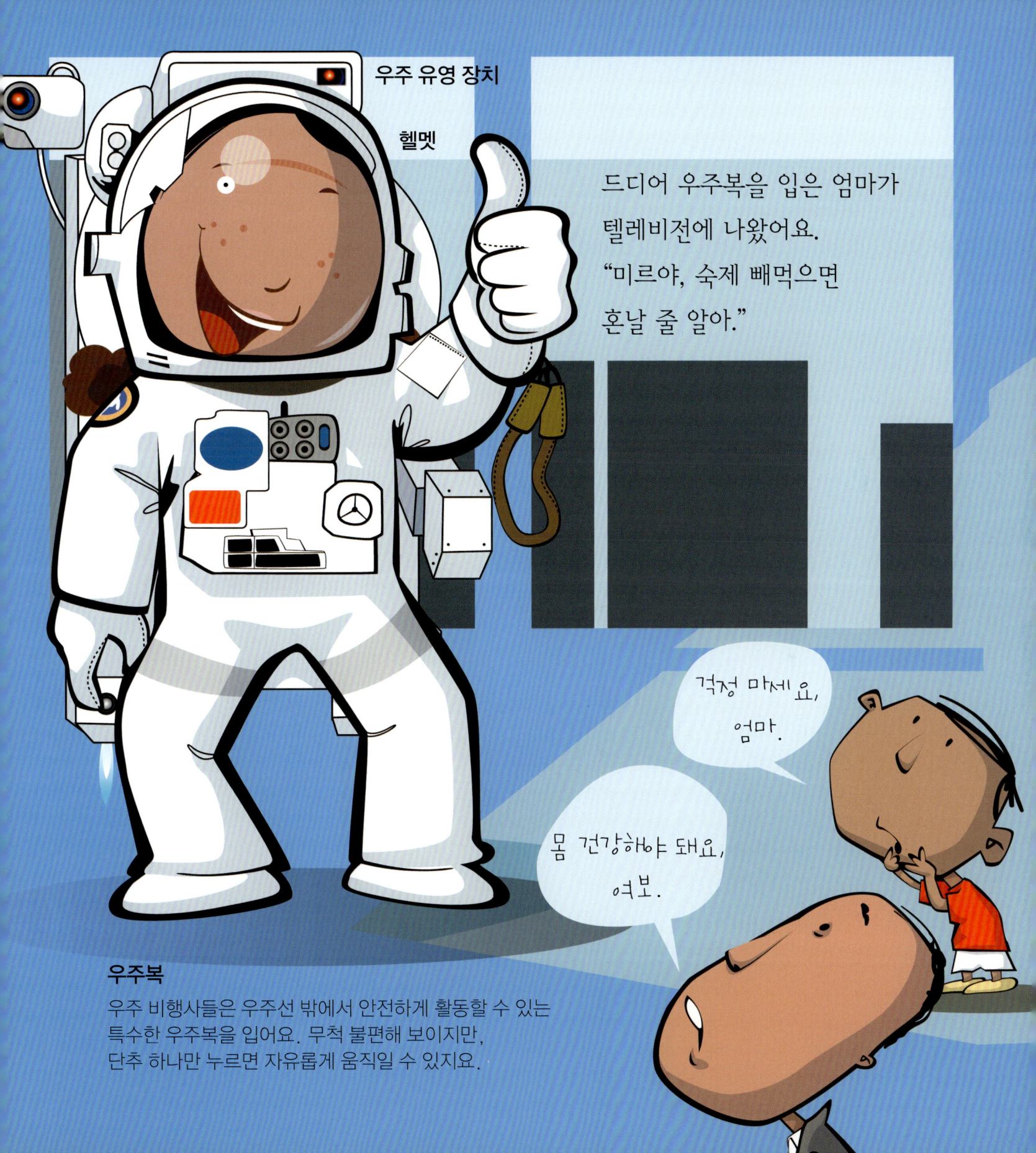

잠시 후, 우주 센터에서
카운터 다운이 시작됐어요.
3! 2! 1! 0!
발사!

우주 왕복선이 불을 뿜기 시작했어요.
엄청난 불꽃과 소리를 내며 힘차게 치솟았어요.

마치 하늘을 뚫고 날아오르는 무시무시한 공룡처럼!

화물실

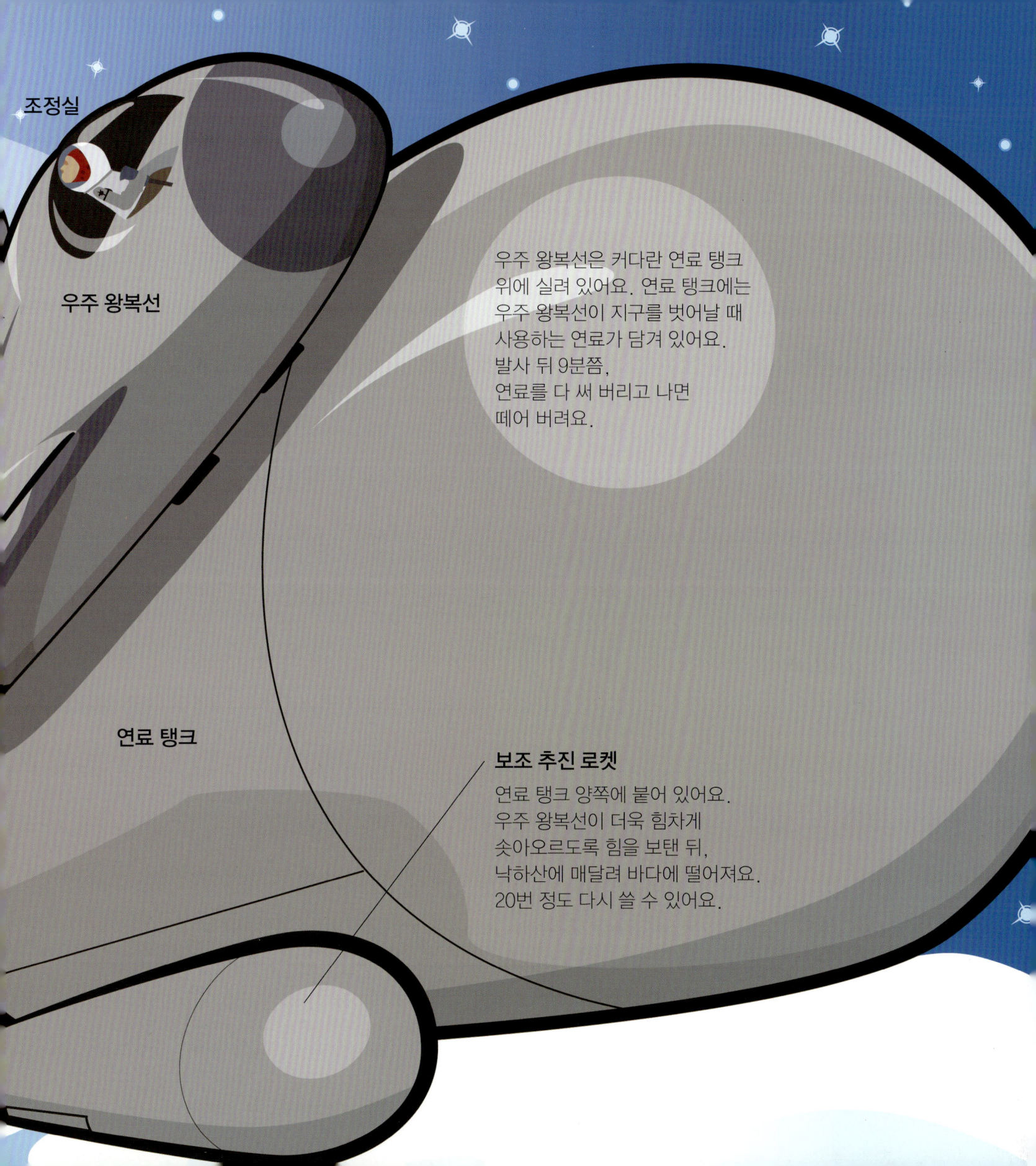

우주 왕복선이 무사히 우주에 도착했어요.
위쪽의 화물칸 뚜껑이 스르르 열렸어요.
우주선의 열을 밖으로 내보내려고 열어 놓는 거예요.
만약에 뚜껑이 열리지 않으면,
모든 계획을 포기하고
재빨리 지구로 돌아와야 해요.

정말 빨리 날아왔네.
기계들이 아무 탈이 없나
살펴봐야겠다.

우주 왕복선
몇 십 번 지구와 우주를 오갈 수 있어서
'우주 버스'라고도 불러요.
우주 왕복선에는 커다란 짐을 실을 수 있는
화물칸, 실험실, 냉장고 등 다양한 시설이 있어요.

엄마는 미르에게
우주에서의 생활을
자세하게 들려주었어요.

우주 침낭
공중에 둥둥
떠다니지 않게
우주선에 고정된
특수 침낭에
들어가 잠을 자요.

우주 샤워장
샤워기에서 뿜어 나온
물은 사람 몸에 닿은 뒤
둥둥 떠다녀요.
샤워가 끝나면,
흡입기를 이용해
물을 빨아들여요.

우주 화장실
마치 진공청소기처럼,
변기가 배설물을 빨아들여요.
안 그러면 배설물이 둥둥 뜨거든요.
특히 똥은 말려서 모아 두었다가
지구에 가져와서 버려요.

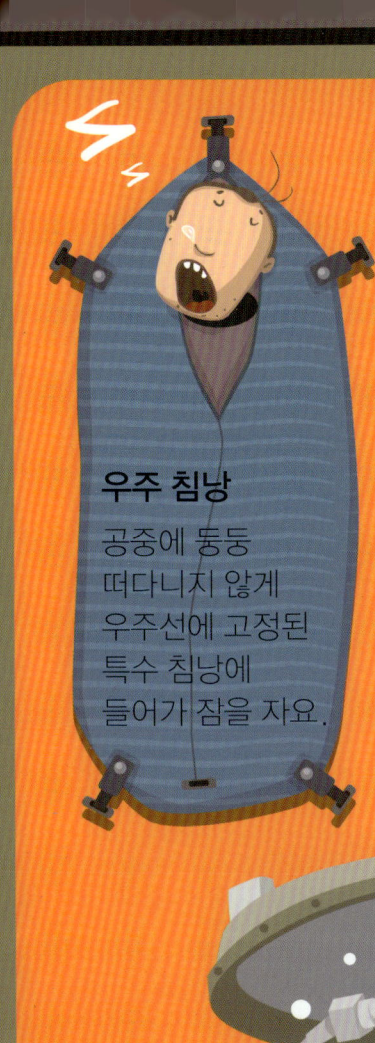

"저기, 우주 정거장이 보여요!"
미르가 소리쳤어요.
엄마를 태운 우주 왕복선은
우주 정거장으로
천천히 다가갔어요.

우주 정거장
우주 정거장은 우주 탐사와 우주 개발을
위해 만든 거대한 실험실이에요.
우주 왕복선으로 기계와 장비 등을
실어 와 우주에서 조립하지요.
지금 미국을 비롯한 여러 나라가
힘을 모아 '국제 우주 정거장(ISS)'을
짓고 있어요.

"도킹 준비!"
우주 왕복선이 우주 정거장에
가까이 다가섰어요.
몸체를 곧추세우고, 연결 장치를 써서
우주 정거장에 딱 붙었어요.
가슴 졸이며 지켜보던 엄마가 소리쳤어요.
"성공이야, 만세!"

도킹
우주 공간에서 두 대 이상의 우주선이 결합하는 것을 말해요.
도킹은 우주 개발에 아주 중요한 기술이에요.
우주 왕복선이 우주 정거장에 도착하거나 인공위성을 수리할 때,
우주 정거장을 조립할 때 도킹을 해야 하거든요.

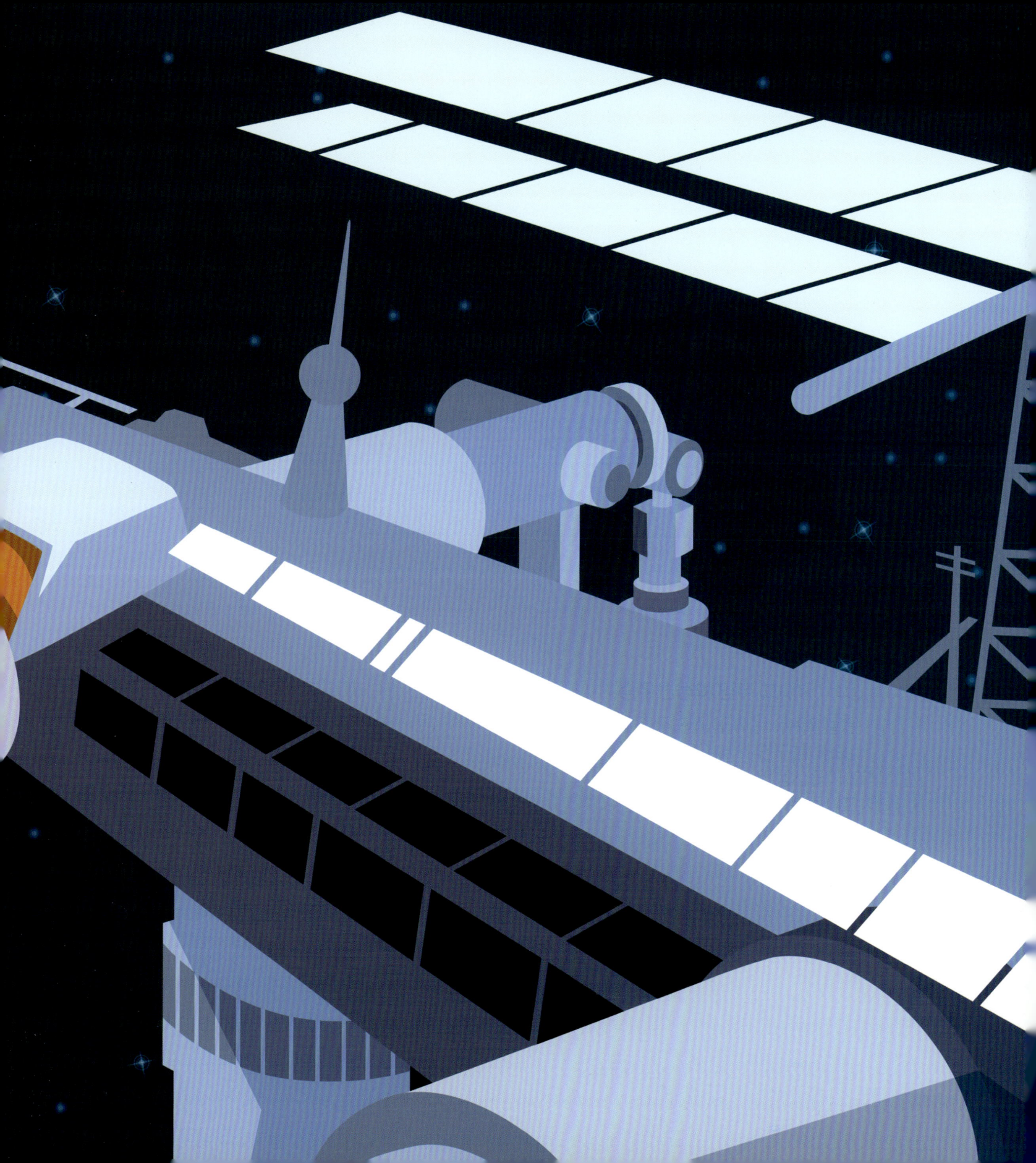

커다란 로봇 팔이 우주 왕복선의 화물칸에서 모듈을 꺼냈어요.
그리고 모듈을 우주 정거장에 조립하기 시작했어요.
우주 비행사 아저씨들도 밖에 나가 힘을 모았어요.
마침내 우주 정거장에 새 방이 하나 생겼어요.

모듈
우주인들이 생활하거나 실험하는 방을 말해요. 여러 개의 모듈을 하나로 이어서 우주 정거장을 세워요.

로봇 팔
우주 정거장에 설치해요. 우주 왕복선에서 화물을 꺼내거나 여러 가지 실험과 조립, 수리에 사용돼요.

우주 정거장 승무원
우주 정거장에는 우주인들이 오랫동안 머물며 다양한 과학 실험을 하기도 해요. 우주에서 사람이 건강하게 살 수 있는지, 동물이나 식물은 어떻게 살아가는지 여러 가지 관찰도 하지요.

엄마는 꽃과 식물, 생쥐와 다른 동물들을 우주 정거장 안으로 옮겼어요.
우주 정거장에 살고 있던 다른 나라 우주인들이 엄마를 반갑게 맞아 주었어요.

우주에서 식물 키우기

우주 정거장에서는 온실을 만들어 무중력 상태에서 식물들이 어떻게 자라는지 연구하고 있어요.

삐이, 삐! 큰일났어요.
지구에서 쏘아 올린 인공위성이 그만 고장을 일으켰어요.
우주 왕복선은 인공위성을 찾아 날아갔어요.
용감한 우주 비행사 아저씨가 우주로 나가 인공위성을 고쳤어요.

인공위성
우주에 쏘아 올려 지구나 달, 행성 등의
둘레를 돌게 한 장치예요.
과학 실험, 기상 관측, 통신 등에 이용되지요.

임무를 마친 우주 비행사들은 지구로 돌아올 준비를 시작했어요.
하지만 미르 엄마는 우주에서 몇 달을 더 있어야 해요.
지구와 지구에 사는 사람들을 위해, 우주 정거장에서 연구를 한대요.
하지만 외롭지는 않을 거예요.
생쥐와 꽃들과 또 다른 우주 비행사 친구들이 있고,
미르와 아빠가 활짝 웃는 사진이 있으니까요.

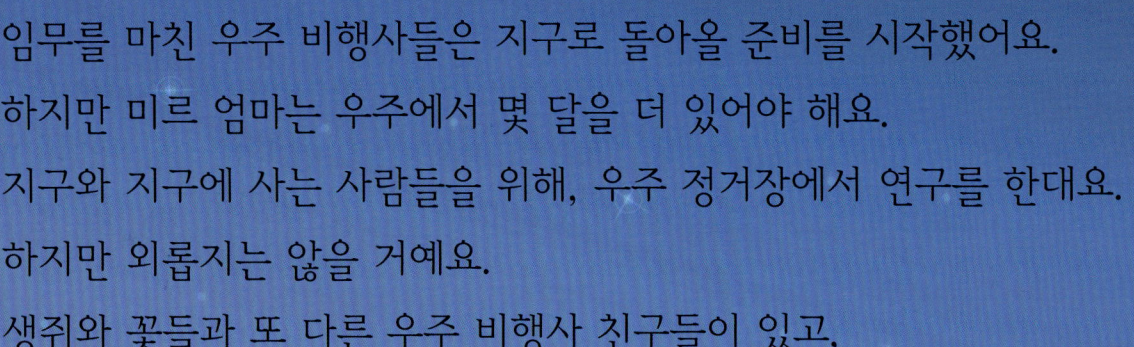

승무원들의 임무 교대

우주 정거장에 사는 우주인들은
몇 달씩 우주에서 연구를 해요.
그러다 새로 우주 비행사들이 도착하면,
임무를 교대하고 지구로 돌아오지요.

"자, 우주에서 온 따끈따끈한 선물!"
지구에 막 도착한 우주 비행사 아저씨가 미르를 번쩍 안았어요.
미르와 아빠는 엄마 편지를 읽고,
물끄러미 하늘을 올려다보았어요.
'엄마, 빨리 와. 지구가 너무 심심해….'

From
보내는 사람 엄마가

사랑하는 미르에게 (당신도!)

아빠 말씀 잘 듣고 있지?
(안 그럼, 벼락을 내릴 거야! 호호!)
엄마가 보고 싶을 땐
하늘을 봐!

어때, 이제 보이지?

세상 제일 높은 곳에서
항상 널 지켜보는 우주인 엄마가

To
받는 사람 미르

클릭 클릭
교수님이 들려주는 우주 이야기

엄마는 우주 비행사

곽영직(수원대학교 물리학과 교수)

여름밤, 도시에서 멀리 떨어진 시골의 밤하늘을 올려다본 적이 있나요? 까만 밤하늘을 가득 메운 반짝이는 별들. 도시의 뿌연 먼지 속에서는 볼 수 없었던 신비한 별 세계. 그때, 별들 사이를 빠르게 지나가는 작은 빛을 보게 된다면 정말 운이 좋은 날이죠. 이 빛은 지구 가까이에서, 지구의 둘레를 돌고 있는 인공위성과 우주 정거장이랍니다. 인공위성의 빛은 스스로 밝힌 빛이 아니에요. 태양빛을 반사시킨 빛이지요.

하늘을 가로질러 달리는 인공위성과 우주 정거장. 보는 것만도 즐거운 일인데, 그곳에 엄마가 타고 있다면 얼마나 신나는 일일까요? 머지않아 우리 엄마나 아빠도 우주 탐사 여행을 떠나는 날이 올 거예요.

하지만 우주 탐사 여행은 그리 간단한 여행이 아니랍니다. 우주 비행사로 뽑히려면, 우선 많은 경쟁자를 물리쳐야 하거든요. 그러려면 많은 과학 지식을 알고 있어야 하고, 건강해야 하며, 용기도 있어야 하겠지요. 그 뒤에도 무중력 상태에서 살아가기 위한 훈련을 통과해야 합니다. 그래야만 비로소 우주 여행을 떠날 수 있답니다.

무중력 상태란, 지구의 중심이 잡아당기는 힘인 중력이 작용하지 않는 상태를 말합니다. 인공위성은 지구의 둘레를 빠른 속도로 돌고 있어요. 물체는 빙글빙글 돌면, 그 중심에서 벗어나려는 힘이 생긴답니다. 인공위성도 그런 원리를 이용한 거예요. 지구의 중력과 인성위성이 지구를 벗어나려는 힘이 팽팽히 맞서게끔 말이에요. 그렇게 되면, 인공위성은 지구 쪽으로 끌려오거나 지구에서 멀어지지 않는답니다. 이런 무중력 상태의 우주선 안에서는 모든 것이 둥둥 떠다니게 됩니다. 그래서 특수한 환경에 적응하기 위한 훈련이 꼭 필요한 것이랍니다.

모든 준비가 끝나면, 우주 비행사들을 태운 우주 왕복선이 발사됩니다. 지구 궤도에 도달한 우주 왕복선은 자체적으로 여러 가지 실험을 하기도 하고, 우주 정거장에 도킹하기도 합니다. 예전에는 소련(지금의 러시아)에서 쏘아 올린 '미르'라는 우주 정거장이 있었어요. 하지만 낡아서 폐기되었지요. 지금은 여러 나라가 힘을 합해 국제 우주 정거장(ISS)을 건설하고 있답니다. 이미 과학자들이 오랜 시간 그곳에 머물면서 여러 가지 실험과 연구를 하고 있어요.

우주는 끝없이 넓은 세상입니다. 인류의 우주 탐사는 이제 걸음마 단계라고 할 수 있어요. 우주를 향한 발걸음을 떼기 시작한 지 겨우 50년 남짓 되었거든요.

하지만 시작했다는 것이 중요한 일입니다. 머지않아 이 작은 걸음이 큰 걸음이 되어 우주를 누빌 테니까요. 그때가 되면, 우리 어린이들이 할 일이 더 많아질 것입니다.

글을 쓴 김형곤 님은 문예창작과를 졸업하고 인터넷 콘텐츠기획자, 카피라이터로 활동하였습니다. 지금은 어린이책 작가 모임 '분홍고래'에서 책 만드는 일에 전념하고 있습니다. 지은 책으로는 〈재미있는 동물 백과〉 시리즈가 있습니다.

그림을 그린 정광필 님은 조선대학교 산업미술과에서 사진을 전공하고, San Jose Art Academy를 수료하였습니다. 게임, 상품 등 다양한 캐릭터 개발에 참여하였으며, 그림과 사진이 어우러지는 그림책 작업을 꿈꾸고 있습니다. 작품으로는 〈황금 물고기〉 등이 있습니다.

감수를 한 곽영직 님은 서울대학교 물리학과를 졸업하고, 미국 켄터키대학교에서 박사 학위를 받았습니다. 지금은 수원대학교 물리학과 교수이며, 어린이들에게 과학을 쉽고 재미있게 소개하는 일에 관심과 열정을 가지고 있습니다. 지은 책으로는 어린이 과학책 〈데굴데굴 공을 밀어 봐〉〈왜 땅으로 떨어질까〉〈햇빛은 무슨 색깔일까〉 등이 있고, 〈과학 이야기〉〈물리학이 즐겁다〉를 비롯한 많은 저서가 있습니다.

우주_우주 탐사 엄마는 우주 비행사
글_ 김형곤 그림_ 정광필 감수_ 곽영직

펴낸이_ 김동휘 **펴낸곳_** 여원미디어(주) **출판등록_** 제406-2009-0000032호
주소_ 경기도 파주시 회동길 130(문발동) 탄탄스토리하우스 **전화번호_** 080 523 4077 **홈페이지_** www.tantani.com
기획·편집·디자인 진행_ 글그림 **기획_** 이기경 김세실 안미연 **편집_** 이연수 **일러스트 디렉팅_** 김경진 **디자인_** 이경자
제작책임_ 정원성

판매처_ 한국가드너(주) **교육 마케팅_** 배선미 박관식

The Universe_Traveling in Space   My Astronaut Mother
My mother became an astronaut. One day, she will travel in space. She explained to me how a space shuttle is launched, what astronauts do in the space shuttle, and how they explore space.

이 책에 실린 글과 그림의 무단 복제 및 전재를 금합니다.

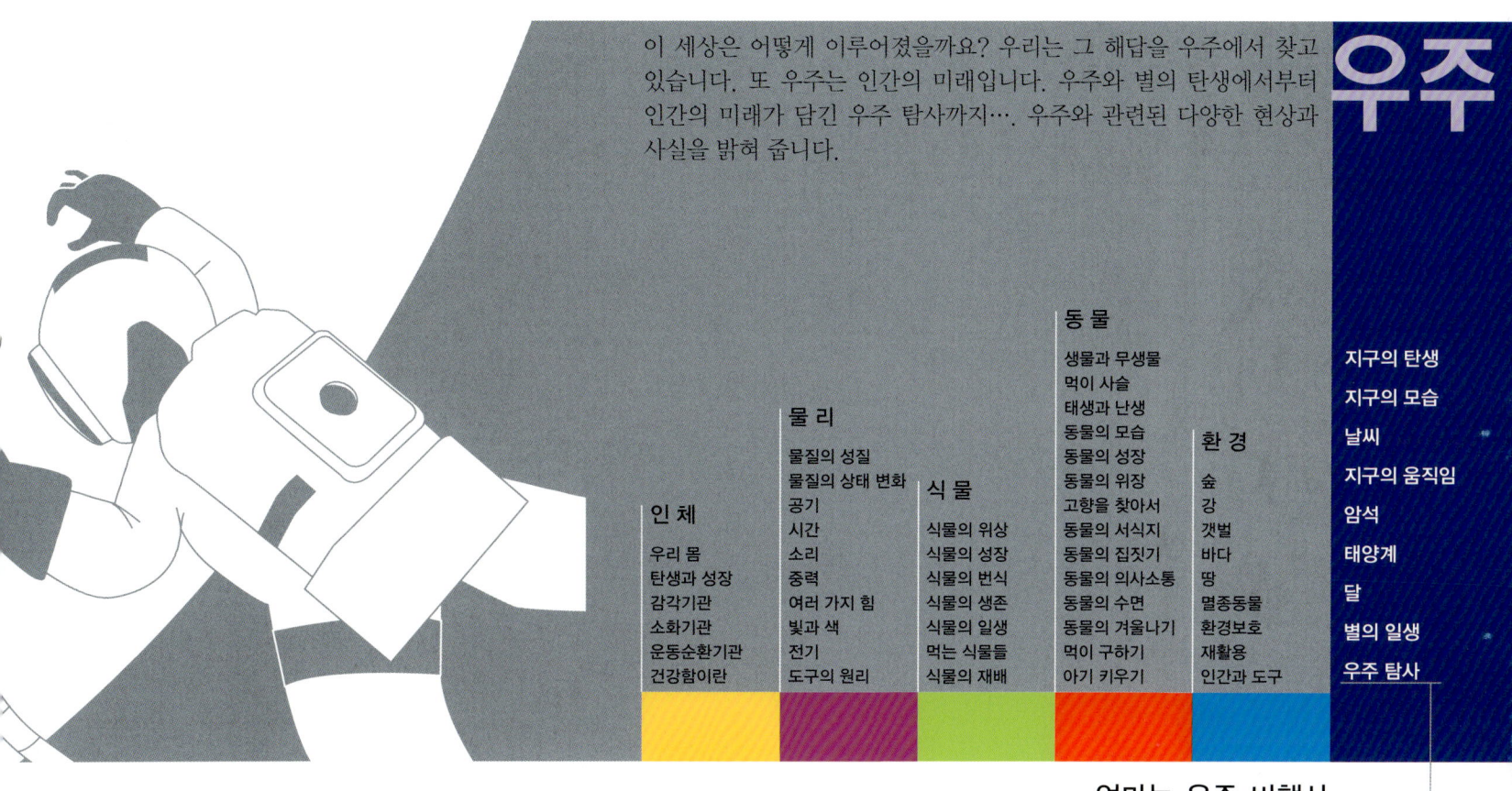

우주

이 세상은 어떻게 이루어졌을까요? 우리는 그 해답을 우주에서 찾고 있습니다. 또 우주는 인간의 미래입니다. 우주와 별의 탄생에서부터 인간의 미래가 담긴 우주 탐사까지…. 우주와 관련된 다양한 현상과 사실을 밝혀 줍니다.

인 체
- 우리 몸
- 탄생과 성장
- 감각기관
- 소화기관
- 운동순환기관
- 건강함이란

물 리
- 물질의 성질
- 물질의 상태 변화
- 공기
- 시간
- 소리
- 중력
- 여러 가지 힘
- 빛과 색
- 전기
- 도구의 원리

식 물
- 식물의 위상
- 식물의 성장
- 식물의 번식
- 식물의 생존
- 식물의 일생
- 먹는 식물들
- 식물의 재배

동 물
- 생물과 무생물
- 먹이 사슬
- 태생과 난생
- 동물의 모습
- 동물의 성장
- 동물의 위장
- 고향을 찾아서
- 동물의 서식지
- 동물의 집짓기
- 동물의 의사소통
- 동물의 수면
- 동물의 겨울나기
- 먹이 구하기
- 아기 키우기

환 경
- 숲
- 강
- 갯벌
- 바다
- 땅
- 멸종동물
- 환경보호
- 재활용
- 인간과 도구

우주
- 지구의 탄생
- 지구의 모습
- 날씨
- 지구의 움직임
- 암석
- 태양계
- 달
- 별의 일생
- 우주 탐사

엄마는 우주 비행사